Liebe Mütter, liebe Väter, liebe Omas,
liebe Opas, liebe Tanten, liebe Onkel,
liebe Lehrerinnen und Lehrer!

Kinder, die schon lesen können, sollten diese Kompetenz stärken.
Etwas stärken zu wollen, heißt immer etwas zu üben.
Und Üben muss mit Erfolgserlebnissen untrennbar verbunden sein.

Dieser Sammelband enthält vier kurze und reichhaltig illustrierte
Geschichten. Die Geschichten können unabhängig voneinander
gelesen werden. Die Sprache ist dem Alter der Kinder angepasst
und ermöglicht ein konstantes Aufbauen des Wortschatzes.
Lustige Themen und fröhliche Charaktere sollen junge Leserinnen
und Leser am Ende der 1. Klasse/Anfang der 2. Klasse
zum Lesen verleiten.

Wir wünschen Ihren Kindern viel Freude beim Lesen!

Ihr G&G Verlag
Lesepädagogisches
Lektorat

Besonders möchten wir Sie darauf hinweisen, dass der G&G-Lesezug vom
Österreichischen Buchklub der Jugend empfohlen wird!

Mein großes Erstlese-Buch

Gespenster • Piraten • Detektive

G&G

www.ggverlag.at

ISBN 978-3-7074-2105-7
In der aktuell gültigen Rechtschreibung

1. Auflage 2017

Reihengestaltung und Vor- und Nachsatz: Carola Holland
Coverillustration: Julia Gerigk

Gesamtherstellung: Imprint, Ljubljana

Inhalt

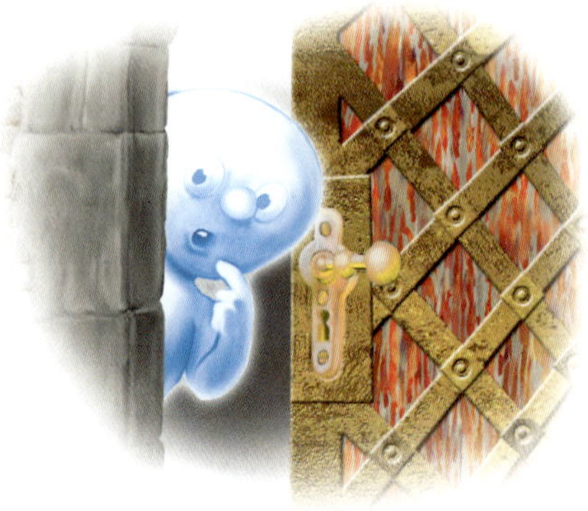

1) Wie alt wird Gruseli?

| S | 176 | | H | 500 |

2) Wie heißt Gruselis allerbester Freund?

| A | Robbi | | P | Vamp |

3) Wie heißt die Oma?

| O | Krachbumm | U | Grusemuse |

4) Worauf freut sich Gruselis Freundin Schreckina?

| K | Vollmond | | L | Sternschnuppe |

5) Was lässt der Direktor gerne herumliegen?

| R | seine Uniform | | E | seinen Kopf |

6) Wo wird Gruseli von seinen Freunden überrascht?

| L | Auf dem Dachboden | | N | Im Klassenzimmer |

LÖSUNGSWORT ☐ ☐ ☐ ☐ ☐ ☐

Karin Ammerer

Ein Geburtstag zum Gruseln

Mit Illustrationen von
Stefan Torreiter

Verschlafen reibt sich Gruseli die Augen.
Dann streckt er sich ordentlich und gähnt
noch einmal. Der Vollmond scheint
zum Fenster herein. Die alte Eiche im
Schlossgarten knarrt. Im Wald ruft
der Uhu.

Es ist höchste Zeit aufzustehen.

Heute ist eine ganz besondere Nacht.

Es ist Gruselis Geburtstag.

Der kleine Geist wird 176 Jahre alt.

Das muss gefeiert werden!

Bestimmt warten seine Gespensterfreunde

schon auf Gruseli. Aufgeregt springt er

aus dem Bett.

Gruseli öffnet die schwere Zimmertür.
Neugierig schaut er auf den Gang hinaus.
Komisch! Nirgends hängen Luftballons
oder Girlanden. Niemand singt
„Zum Geburtstag viel Glück!" und
Geschenke kann der kleine Geist auch
nirgendwo entdecken. Seltsam!

Die anderen werden wohl nicht seinen
Geburtstag vergessen haben! Oder etwa
doch? Nein, das kann Gruseli nicht
glauben. Sicher springen seine Freunde
gleich hervor, um ihn zu überraschen.
„Hallo?", fragt Gruseli vorsichtig.
Keine Antwort.

Gruseli klopft an Vamps Zimmertür.
Vamp ist sein allerbester Freund.
Er hat bestimmt an Gruselis Geburtstag
gedacht. „Herein!", ruft Vamp.
„Oh, hallo Gruseli! Ich wollte eben zu dir
kommen und dich fragen, ob du mit mir …!"

Gruseli grinst bis über beide Gespenster-
ohren. Auf seinen besten Freund
ist eben Verlass!

„... noch einmal das Kettenrasseln üben
möchtest. Morgen ist die Prüfung und die
Ketten sind furchtbar schwer!", sagt Vamp.
Enttäuscht schüttelt Gruseli den Kopf.

Aus Oma Grusemuses Küche duftet
es herrlich. Ob sie einen Kuchen für
Gruselis Geburtstag gebacken hat?
Oder vielleicht eine riesengroße Torte?
Mit Fledermausohren, Froschaugen
und panierten Spinnweben?
„Was machst du denn da?",
fragt Gruseli neugierig.

„Wie bitte? Ein Haar?",

wiederholt Oma Grusemuse entsetzt.

„Das hat mir gerade noch gefehlt!

Mein schöner Regenwurm-Auflauf!

Wo ist denn dieses Haar?"

Gruseli seufzt. Regenwürmer gehören nicht

zu seinen Lieblingsspeisen.

Schon gar nicht am Geburtstag.

Plötzlich schwebt das Geistermädchen
Schreckina an Gruseli vorbei.
Sie summt ein lustiges Lied:
„Alle meine Geister
spuken durch das Schloss,
spuken durch das Schloss.
Wenn sich alle fürchten,
ist die Freude groß!"

„Nanu, Schreckina! Du bist ja so fröhlich!",
meint Gruseli. „Gibt es denn etwas
zu feiern?"
„Ja, natürlich!", ruft Schreckina laut.
Glücklich nickt Gruseli.
Schreckina hat ihn also nicht vergessen!
Das ist ja gruseltastisch!

„Heute ist doch Vollmond!",
freut sich das Geistermädchen.
„Und ich liebe Vollmondnächte!
Das muss gefeiert werden!"
Und schon schwebt Schreckina davon.
„Komm doch mit!", ruft sie Gruseli
noch aus der Ferne zu.
Traurig bleibt der kleine Geist zurück.
Kann es denn sein, dass alle, wirklich alle
seinen Geburtstag vergessen haben?
Es gibt keine gruselige Torte, keine
Geschenke, keine lustigen Geburtstags-
lieder, keine Spiele. Ja, nicht einmal
Fledermaus-Luftballons, die Gruseli
so toll findet.

Plötzlich hört Gruseli jemanden laut rufen.

„Hallo, wo bist du denn?

Hallo! Halloooooo!"

Es ist der Direktor der Geisterschule,

Graf Grausam. Bestimmt ist er auf der

Suche nach dem Geburtstagsgeist!

„Hier bin ich! Hier!", antwortet Gruseli,

so laut er nur kann.

Schon biegt der Direktor um die Ecke.
„Aus dem Weg!", schreit er und Gruseli
kann sich gerade noch mit einem Sprung
in Sicherheit bringen. „Verzeihung, bitte!",
entschuldigt sich Graf Grausam.
„Hast du meinen Kopf
irgendwo gesehen?"

23

„Immer lasse ich ihn irgendwo liegen!",
ist der Direktor ganz aufgeregt. „Ich bin
ja so vergesslich. Heute ist doch noch
irgendetwas Wichtiges. Es will mir einfach
nicht einfallen. Tja, habe ich wohl auch
vergessen!"

„Ja, mein Geburtstag!", flüstert Gruseli.

„Na, so wichtig kann es nicht gewesen sein!", überlegt der Graf. „Ah … jetzt fällt es mir wieder ein. In fünf Minuten startet der Kurs ‚Gespenstergeheule für Anfänger!' Ich erwarte dich im Klassenzimmer! Kopf … Kopf, wo bist du? Hallo?"

Traurig schwebt Gruseli in das dunkle
Klassenzimmer.
„Na toll, noch niemand hier!",
seufzt er.
Plötzlich geht das Licht an.
„Überraschung!", rufen die Gespenster.
Alle, alle sind sie da. Oma Grusemuse,
der Direktor, Vamp, Schreckina und
die anderen Geisterkinder.
Sie singen laut „Zum Geburtstag viel Spuk!"
Da muss Gruseli herzlich lachen.
„Du wolltest doch einen Geburtstag, den du
niemals vergisst!", sagt Vamp. „Und glaub
mir, an diesen Geburtstag wirst du dich
noch 1000 Jahre erinnern!"

Spiel und Spaß

Lies zuerst die Geschichte
und löse dann das Rätsel. Im Buchstabengitter
sind 10 Wörter aus der Geschichte versteckt.
Viel Vergnügen!

Ö	F	H	N	K	Ä	F	E	R	G
C	O	O	L	J	I	A	W	Z	X
P	Q	Ä	F	T	G	R	V	M	Y
C	B	N	R	Ö	S	B	H	T	Ü
A	U	T	O	Y	H	E	J	R	M
X	S	H	T	U	I	L	D	A	K
E	M	K	W	G	L	Ü	C	K	Ö
F	Ü	I	Q	R	B	Z	R	T	G
M	R	B	G	A	D	P	Ä	O	M
S	F	R	E	U	N	D	E	R	U

Auto, Bus, Traktor, Käfer, cool, Freunde, Farbe, Rot, Grau, Glück

Lisa Gallauner

Fritz,
der coole Käfer

Mit Illustrationen von

Katharina Reichert

„Ooooh! Schaut euch
den kleinen Fritz an! Ist er nicht süüüß?!"
Rudi, das gemeine Rennauto, wirft Fritz
einen herausfordernden Blick zu und
beginnt dann schallend zu lachen.
Raser und Ronni, Rudis fiese Kumpel,
fallen in sein höhnisches Gelächter ein.

„Allerdings, Fritzchen ist ja so herzig!",
meint Raser grinsend. Und Ronni legt noch
eins drauf: „Er sieht aus wie ein putziger,
winziger, schnuckeliger Marienkäfer!
Ha, ha! Marienkäfer! Marienkäfer!"

Fritz kämpft mit den Tränen. Warum sind Rudi, Raser und Ronni eigentlich immer so gemein zu ihm? Er hat ihnen doch gar nichts getan.

„Lasst uns abhauen, Leute! Mit Babys wie
unserem Fritzchen hier möchte ich nicht
gesehen werden", meint Rudi abschätzig.
Ronni und Raser nicken eifrig.
„Genau, nichts wie weg hier!", ätzt Ronni.
Raser setzt erneut sein hämisches Lächeln
auf, bevor er zischt: „Fritz, der süße rote
Marienkäfer. Total uncool, der Typ,
wenn ihr mich fragt."

Uncool. Fritz seufzt. Es stimmt, cool
ist er wirklich nicht. Dabei wäre er das
gerne. Aber wie kann er cool werden?
Was muss er an sich verändern,
um endlich auch cool zu sein?
„Buh! ... Hallo Fritz, mein Freund,
wie geht's dir heute?", reißt Bernds
fröhliche Stimme Fritz aus seinen
trüben Gedanken. Der blaue Bus
hat sich gemeinsam mit Toni,
dem grünen Traktor, an seinen
Freund herangeschlichen,
um ihn zu erschrecken.
„Oh, oh, ich glaube, Fritz geht's nicht gut",
meint Toni, als er Fritz' Gesicht sieht.

Fritz berichtet Bernd und Toni von dem Zusammentreffen mit Rudi, Raser und Ronni. „Sie haben gesagt, dass ich aussehe wie ein Marienkäfer und dass ich total uncool bin."

„Blödsinn, du bist der tollste Kerl, den man sich vorstellen kann!", protestiert Bernd empört.

Auch Toni schüttelt den Kopf:
„Rudi, Raser und Ronni darfst
du nicht ernst nehmen, Fritz!
Die ärgern dich doch nur,
damit sie sich selbst stark fühlen.
Du bist genau richtig,
so, wie du bist."

Doch Fritz sagt entschlossen: „Nein, die drei haben recht, ich muss etwas an mir ändern! Ich will nicht länger Fritz, der Uncoole sein. Ab morgen bin ich cool, und ich weiß auch schon genau, wie ich das anstelle. Ihr müsst mir unbedingt dabei helfen!"

Bernd und Toni blicken einander an. Beide wundern sich, was bloß in ihren Freund gefahren ist. Normalerweise nimmt er Rudi, Raser und Ronni doch gar nicht so ernst.
„Na gut, wenn du meinst", seufzt Toni.
„Was hast du denn vor?",
fragt Bernd neugierig.

Einige Stunden später steht Fritz vor dem Spiegel. Er traut seinen Augen nicht. Was er da sieht, ist unglaublich! Rudi, Raser und Ronni werden staunen. Vorbei sind die Zeiten des Marienkäfers Fritz. Herzig war gestern – jetzt ist er ja so was von cool!

Bernd und Toni wirken nicht ganz so glücklich wie ihr Freund. „Ich weiß nicht, Fritz, gefällt dir das wirklich?", fragt Toni ratlos. „D... du ... du siehst so anders aus", stammelt Bernd. Dabei blickt er auf den großen grauen Farbtopf an Fritz' Seite.

Am nächsten Tag fährt Fritz mit
stolzgeschwellter Motorhaube durch die
Gegend. Er fühlt sich so cool! Silbergrau
ist er nun – nichts erinnert mehr an einen
Marienkäfer. Fritz blickt sich um. Er hofft
auf Rudi, Raser und Ronni zu treffen. Aber
die sind anscheinend nicht unterwegs.
Schade, zu gerne hätte er ihnen sein neues,
superlässiges Aussehen präsentiert.

Fritz will seinen Ausflug abbrechen, als er
plötzlich Kinderstimmen hört. Leise fährt er
näher. Reden die Kinder vielleicht über den
neuen, coolen Fritz?

„Weißt du, wen ich heute getroffen habe?",
meint eines der beiden Kinder gerade.
Das zweite schüttelt den Kopf.
„Fritz – er sieht ganz anders aus als früher."
Ein Kribbeln macht sich unter Fritz'
Motorhaube breit. Sie reden tatsächlich
über ihn. Sicher haben auch sie bemerkt,
dass er nun total cool ist.
„Fritz ist jetzt grau. Grau wie ein Nebeltag
im November. Ich war richtig traurig,
als ich ihn gesehen habe ... Schau!
Da ist ein Marienkäfer!"
„Toll, die bringen Glück!"
Die beiden Kinder beginnen zu lächeln.

Mit hängendem Kopf fährt Fritz nach Hause. Er ärgert sich über sich selbst. Grau wie ein Nebeltag – das passt doch überhaupt nicht zu ihm. Aber mit Bernds und Tonis Hilfe wird er das wieder hinbekommen.

Einige Tage darauf trifft Fritz die drei
Rennautos. „Ha, ha, ha! Da ist ja
unser Mariiiienkäfer!", ruft Rudi schon
von Weitem.

Fritz lächelt, als er antwortet: „Danke für
das Kompliment, Rudi. Marienkäfer bringen
schließlich Glück."

Glück und Fritz, das passt echt gut zusammen,
findest du nicht auch?

Spiel und Spaß

Lies zuerst die Geschichte
und löse dann das Rätsel. Viel Vergnügen!

Blättere auf Seite 54/55 und schau dir das Bild
genau an. Dann klapp die Seite zu. Ringle die Dinge
ein, die auf der Seite zu sehen sind, und streiche die
Dinge durch, die nicht zu sehen sind.

Fressnapf

Hund Bob

Luftballon

Auto

Herr Reich

Busch

Mauer

Leo Lupe

Kratzbaum

Handy

Bett

Mond

Baum

Foto

Lisa Gallauner

Leo Lupe auf heißer Spur

Mit Illustrationen von
Katharina Reichert

Es ist mitten in der Nacht.

Leo Lupe, der unerschrockene Detektiv,

liegt schlafend in seinem Bett und

schnarcht ziemlich laut.

Bob, Leos tierischer Freund und Helfer,

schnarcht ebenfalls gewaltig.

Allerdings liegt er dabei neben dem Bett

und sabbert zusätzlich ein kleines bisschen.

Da klingelt es plötzlich an der Haustür.

Leo fällt vor Schreck aus dem Bett

und landet an der Seite seines Hundes,

der ihm sofort begeistert das Gesicht

ableckt.

„Bob, wer kann das nur sein?",

fragt Leo Lupe erstaunt.

Er schleicht in die Küche,

schnappt sich eine Bratpfanne und öffnet

dann vorsichtig die Haustür. Bob knurrt.

Der Mann, der draußen wartet,

hebt die Hände.

Leo Lupe erkennt sofort, dass von dem

nächtlichen Besucher keine Gefahr ausgeht,

und lässt die Pfanne sinken.

Auch Bob stellt das Knurren ein.

„Bitte, was kann ich für Sie tun?", fragt der
Detektiv freundlich, wobei er den schick
gekleideten Mann genau mustert.
Dieser zieht eine kleine Karte aus seiner
Anzugtasche und gibt sie Leo Lupe.

„Reich mein Name. Ich brauche dringend Ihre Hilfe, Herr Lupe. Man hat mir gesagt, dass Sie einer der besten Detektive unseres Landes sind."

Bob bellt zustimmend und Leo Lupe nickt geschmeichelt.

„Bitte, Sie müssen mir helfen, Herr Lupe! Jemand hat meine Walpurga entführt."

Nun hält Herr Reich dem Detektiv
ein Foto unter die Nase.
Leo Lupe staunt. „Das ist Walpurga?!",
entfährt es ihm.
Bob schüttelt entsetzt den Kopf.
Das kann nicht wahr sein! Wer entführt
schon freiwillig eine Katze?

Am nächsten Morgen begleiten Leo Lupe
und Bob Herrn Reich in dessen tolle Villa.
Dort sehen sie sich Walpurgas flauschigen
rosa Schlafplatz, ihre golden glänzenden
Futterschüsseln und ihren meterhohen
Kratzbaum ganz genau an. Sowohl Bob
als auch Leo können immer noch nicht
so recht glauben, dass die Katze wirklich
entführt wurde.
Bis Herr Reich schließlich erklärt:
„Wissen Sie, Herr Lupe, Walpurga ist keine
gewöhnliche Hauskatze. Sie gehört einer
sehr seltenen Rasse an und ist deshalb
besonders wertvoll."

Der Meisterdetektiv und sein tierischer
Gehilfe suchen die gesamte Villa nach
Walpurga ab. Doch nirgends finden sie
auch nur die geringste Spur.
Auch der Katzen-Entführer scheint keine
Beweise hinterlassen zu haben. Keine
Fingerabdrücke, keine Fußabdrücke
und auch sonst nichts Verdächtiges.

„Ich befürchte, dieser Fall wird besonders
schwierig zu lösen sein",
seufzt Leo Lupe traurig.
Auch Bob lässt enttäuscht den Kopf hängen.
Es scheint tatsächlich aussichtslos.

Da klingelt plötzlich das Handy von Herrn
Reich. Ängstlich nimmt er das Gespräch
an und drückt auf den Lautsprecherknopf,
damit Leo Lupe mithören kann.
„Ich habe Walpurga", raunt eine
verzerrte Männerstimme, „wenn Sie
sie wiederbekommen wollen, müssen Sie
Lösegeld bezahlen. Ich verlange
10.000 Euro, oder nein, besser 20.000!"
Herr Reich wird ganz blass. Bob knurrt leise.
Nur Leo Lupe bewahrt Ruhe und zeichnet
das Gespräch mit seinem modernen
Aufnahmegerät auf.
Dann nickt er zufrieden. Hier ist sie,
die heiße Spur, nach der er gesucht hat.

Nachdem das Telefongespräch beendet
ist, hört Leo Lupe es sich noch einige Male
an. Auch Bob und Herr Reich lauschen
den auf Band aufgezeichneten Worten
des Entführers. Bob beginnt zu sabbern.

Auf Leo Lupes Gesicht macht sich
ein Lächeln breit. Im Hintergrund
sind besondere Geräusche zu hören!
Gezwitscher, Gekreische, Gebrüll
und Getröte. Bob bellt aufgeregt.
Er weiß Bescheid. Du auch? Weißt auch
du, wo der Täter ist? Wo hört man denn
Gezwitscher, Gekreische, Gebrüll
und Getröte?

In der Schule? Im Museum?

Im Supermarkt? *Nein!*

Im Büro? Auf der Baustelle?

In der Bücherei? *Nein!*

Im Hotel? Beim Frisör? Beim Arzt? *Nein!*

Du weißt wo, nicht wahr?

„Kennen Sie jemanden, der im Zoo

arbeitet?", fragt Leo Lupe Herrn Reich.

Der nickt sofort. „Ja, mein Neffe ist dort

Tierpfleger. Aber warum wollen Sie

das denn wissen?", antwortet er leise.

„Hat Ihr Neffe Sorgen?", fragt Leo neugierig.

Herr Reich nickt erneut. „Allerdings,

er hat vor Kurzem sehr viel Geld

beim Glücksspiel verloren."

Bingo! Leo und Bob sind sich sicher.

Sie haben Walpurgas Entführer gefunden.

Mit Leos Roller rasen sie zum Zoo

und suchen dort Herrn Reichs Neffen.

Dank seiner tollen Spürnase macht Bob

den Mann rasch ausfindig. Er füttert gerade

eine edle Katze. Eine, die viel kleiner ist als

die, die man sonst im Zoo bewundern kann.

Walpurga!

„Herr Reichs Neffe, Sie sind überführt!
Geben Sie mir Walpurga! Die Polizei
ist schon unterwegs!", ruft Leo laut.
Bob bellt zufrieden. Leo Lupe löst eben
jeden Fall!

Spiel und Spaß

Lies zuerst die Geschichte
und löse dann das Rätsel. Viel Vergnügen!

1) Wie heißt der kleine Pirat?

F Florian Fürchtenichts   **G** Fabian Schreckmich

2) Wie heißt das Schiff, auf dem der kleine Pirat segelt?

V Schunkelndes Schlauchboot   **A** Freche Fregatte

3) Warum kippt das Schiff des kleinen Piraten beinahe um?

H Weil es einen Stoß von einem Seevampir bekommt.

I Weil es in ein schweres Gewitter gerät.

4) Womit kann der kleine Pirat den Seevampir besiegen?

N Mit der langen Unterhose vom Schiffskoch.

R Mit einem scharfen Gulasch vom Schiffskoch.

5) Wen retten der kleine Pirat und Walli Wagemut
gemeinsam?

X Einen Blauwal   **E** Eine Seejungfrau

LÖSUNGSWORT ☐ ☐ ☐ ☐ ☐

Hertha Kratzer

Der kleine Pirat und Walli Wagemut

Mit Illustrationen von

Gisela Dürr

Ich heiße Florian Fürchtenichts
und bin Pirat auf der Frechen Fregatte.
Die Freche Fregatte ist ein echt tolles
Piratenschiff. Sie hat blutrote Segel
und eine pechschwarze Piratenfahne.

Unser Kapitän heißt Malte Meeresschreck.
Er ist sehr mutig, doch wehe dem, der ihn
ärgert. Der bekommt es mit einem echten
Schreihals zu tun!
Ich bin der jüngste Pirat. Deshalb nennen
mich alle kleiner Pirat.

Aber seit dem Abenteuer mit dem Seevampir bin ich der größte kleine Pirat. Und das kam so: Wir segelten bei Sturm und Regen zum Hafen Kneipenhausen. Dort wollten wir unsere Piratenfreunde treffen, die unter der Flagge der Schäbigen Schaluppe unterwegs waren.

Da bekam die Freche Fregatte plötzlich einen Stoß und wäre fast umgekippt. Aber Hans Holzauge, unser wachsamer Steuermann, konnte es gerade noch verhindern.

Ich begriff als Erster, was los war.
Der Stoß stammte von einem Seevampir,
einem grässlichen Meeresungeheuer.
Es sperrte sein Riesenmaul mit den
spitzen Zähnen auf, um sich einen Piraten
nach dem anderen zu schnappen.
Da sah ich zum Glück die lange Unterhose
von unserem Koch an der Wäscheleine
hängen. Blitzschnell riss ich sie von der
Leine und warf sie dem Seevampir in den
Rachen. Das Ungeheuer verschluckte sich
und musste gewaltig niesen. Jetzt konnte
die Freche Fregatte schnell davonfahren
und wir waren gerettet.

„Gut gemacht, kleiner Pirat", lobte mich
Kapitän Meeresschreck. „Du bist der größte
kleine Pirat auf hoher See!"
Darüber freute ich mich sehr.
Die anderen Piraten freuten sich auch. Nur
unser Koch Walter Wasserscheu schimpfte,
weil er seine Unterhose verloren hatte.

Im Hafen Kneipenhausen durften wir an
Land gehen und feiern. Unsere Freunde
von der Schäbigen Schaluppe warteten
schon auf uns.

„Aber morgen früh um acht wird Schluss
gemacht!", befahl der Kapitän. „Dann
müssen alle Piraten wieder an Bord sein."

Um acht Uhr erlebten wir eine Überraschung. Der Kapitän kam mit einem Mädchen! Ein Mädchen auf einem Piratenschiff? Wir rissen die Augen auf. Was sollte denn das?

„Das ist meine Nichte Walli Wagemut", sagte der Kapitän. „Sie fährt mit uns mit und wird unsere Piratenprinzessin werden."

Sie hatte lange schwarze Haare und große dunkle Augen. Sie trug eine weiße Bluse, einen weiten schwarzen Rock mit einem lila Gürtel und lila Stiefel. Ein dunkelrotes Kopftuch mit einem Totenkopf bedeckte ihre Stirn. In der Hand hielt sie ein scharfes Piratenmesser.

Die Piraten verdrehten vor Bewunderung
die Augen.
„Darf ich dir eine Erfrischung bringen?",
krächzte Walter Wasserscheu
und brachte ihr gleich ein Glas Limonade.
Und Hans Holzauge sagte:
„Herzlich willkommen, wir freuen uns sehr!"
Ich freute mich gar nicht.

„Wahrscheinlich ist sie eine eingebildete Zicke", dachte ich.

„Ob sie überhaupt weiß, dass Backbord links vom Schiff und Steuerbord rechts vom Schiff ist?" Gestern noch hatten die Piraten mich bewundert, weil ich sie vor dem Seevampir gerettet hatte. Aber jetzt starrten alle wie verliebt diese Walli Wagemut an. Ich hoffte, sie würde bald verschwinden.

In der Nacht konnte ich vor Ärger nicht schlafen und ging an Deck des Schiffes. Plötzlich hörte ich jemanden „Hilfe! Hilfe!" rufen.

Ich beugte mich über das Geländer und wäre fast kopfüber ins Wasser gefallen.

Da packten mich zwei Hände und zogen mich zurück.

„Jetzt hast du aber Glück gehabt, kleiner Pirat", sagte eine freundliche Stimme.

Es war die Stimme von Walli Wagemut. „Ich konnte nicht schlafen, weil die Piraten so laut schnarchen", sagte sie. „Deshalb bin ich auf und ab gegangen und habe dich gesehen."

Bevor ich danke sagen konnte, rief wieder jemand: „Hilfe! Hilfe!"

Vorsichtig beugten wir uns über das Geländer und sahen eine Seejungfrau in einem Fischernetz. Sie hatte nur den Kopf und die Arme frei.

„Bitte schneidet das Netz durch", rief sie und klammerte sich an das Schiff. „Dann kann ich meinen Fischschwanz wieder bewegen und davonschwimmen! Seeräuber haben mich gefangen. Sie wollten, dass ich weine, denn meine Tränen werden zu Perlen. Aber ich konnte mich losreißen."

„Keine Sorge, wir helfen dir!"
Geschickt kletterte Walli die Leiter hinunter
und zerschnitt mit ihrem Piratenmesser
blitzschnell das Netz.
Die Seejungfrau rief: „Danke!"
und schwamm davon.

„Das hast du gut gemacht, kleine Walli!",
sagte ich.

Sie gab mir die Hand und lächelte.

Jetzt weiß ich, dass sie keine Zicke ist.

Sie ist ein echt mutiges Mädchen.

Und wenn sie einmal Piratenprinzessin ist,

bin ich ihr Piratenprinz.

Alles verkehrt

„Also so was …", murmelt Lehrerin Sonja. Sie sitzt beim Lehrertisch und schaut die Hefte durch. Die Kinder der 2a malen inzwischen fleißig für den Zeichenwettbewerb. Das Thema lautet: „Mein größter Wunsch".

Phillip zeichnet ein neues Auto mit ganz viel Platz im Kofferraum. Miriam malt einen Hund und schreibt „POLLY" auf das Namensschild. Stefan sucht gerade seinen schwarzen Stift. Den braucht er für die Achterbahn. Ein Tag im Vergnügungspark ist sein größter Wunsch. Lara holt sich ein neues Blatt Papier und zeichnet ein

Flugzeug. Mit dem Flugzeug will sie nach Amerika fliegen. Und Johannes möchte der beste Fußballer der Welt werden.

„Das kann doch nicht sein!", murmelt
Lehrerin Sonja. Sie nimmt das nächste Heft
und wundert sich gleich noch mehr.
„Anja, was schüttelt Frau Holle, damit es
auf der Erde schneit?", fragt Sonja laut.
„Frau Holle?", wiederholt Anja. „Das ist
ganz einfach! Die Pölster und Decken!"

Das ist eine Leseprobe aus:
Max,
das kleine Schulgespenst

ISBN 978-3-7074-2093-7
2. Klasse, ab 6/7 Jahre

- Österreichische Fibelschrift
- Österreichische AutorInnen
- Österreichische Sprache
- Textunterstützende Illustrationen auf jeder Seite

Lesezug-Bücher für die 2. Klasse:

Kinder, die schon lesen können, sollten motiviert werden, diese **Lesefähigkeit zu stärken.**
Die Bücher der 2. Klasse verleiten durch ihre spannenden, lustigen und lehrreichen Geschichten zum Lesen.

Alle Lesezug-Bücher
sowie Begleitmaterial finden Sie unter
www.lesezug.at

ISBN 978-3-7074-2093-7
2. Klasse, ab 6/7 Jahre

ISBN 978-3-7074-2094-4
2. Klasse, ab 6/7 Jahre

ISBN 978-3-7074-2104-0
2. Klasse, ab 6/7 Jahre

ISBN 978-3-7074-2066-1
2. Klasse, ab 6/7 Jahre

Lesezug-Bücher
für die 2. Klasse
www.lesezug.at

ISBN 978-3-7074-2003-6
2. Klasse, ab 6/7 Jahre

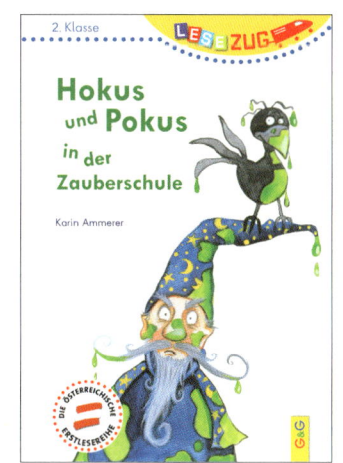

ISBN 978-3-7074-2005-0
2. Klasse, ab 6/7 Jahre

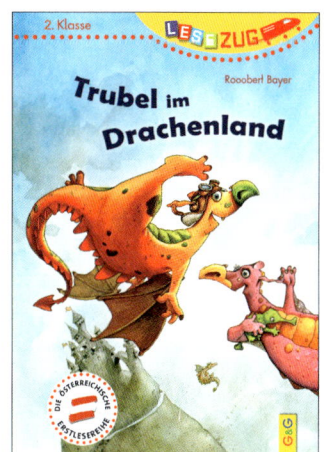

ISBN 978-3-7074-2034-0
2. Klasse, ab 6/7 Jahre

ISBN 978-3-7074-2002-9
2. Klasse, ab 6/7 Jahre

ISBN 978-3-7074-2035-7
2. Klasse, ab 6/7 Jahre

ISBN 978-3-7074-2004-3
2. Klasse, ab 6/7 Jahre